Bibliografische Information der Deutschen Nationalbibliothek:

Die Deutsche Bibliothek verzeichnet diese Publikation in der Deutschen Nationalbibliografie; detaillierte bibliografische Daten sind im Internet über http://dnb.d-nb.de/ abrufbar.

Impressum:

Druck und Bindung: Books on Demand GmbH, Norderstedt Germany
ISBN: 9783668410312

Dieses Buch bei GRIN:

http://www.grin.com/de/e-book/354847/mitarbeiterfuehrung-fuehrungsmodelle-im-vergleich

Waldemar Trumpf

Mitarbeiterführung. Führungsmodelle im Vergleich

GRIN Verlag

AKAD Hochschule Stuttgart

Maschinenbau Bachelor of Engineering

Assignment

Die Arbeit mit Führungsmodellen

FGI01 – Führung von Mitarbeitern

Bearbeiter: Waldemar Trumpf

Heilbronn, den 11.01.2017

Inhaltsverzeichnis

Abbildungsverzeichnis

1. Einleitung

1.1 Aufgabenstellung und Zielsetzung

Das Thema „Die Arbeit mit Führungsmodellen“ für das nachfolgende Assignment wurde aus vier von der Hochschule gestellten Aufgaben ausgewählt. Ziel ist es, verschiedene Führungsmodelle vorzustellen, aus denen zwei Modelle ausgewählt und miteinander verglichen werden. Weiterhin soll es kenntlich gemacht und verständlich beschrieben werden, ob die beiden Modelle heutzutage eingesetzt und in wieweit diese in der Praxis umgesetzt werden. Die Informationen, die in dieser Arbeit verwendet werden, wurden der Fachliteratur sowie den frei zugänglichen Publikationen und Informationen aus den Internetseiten entnommen.

1.2 Vorgehensweise der Arbeit

In diesem Assignment wird der Fokus auf den Vergleich von zwei bekanntesten Führungsmodellen gelegt. Die vorliegende Arbeit baut sich folgendermaßen auf. Zuerst werden allgemeine Grundlagen aufgezeigt, um den Leser an das Thema heranzuführen. Es werden entsprechende Bergriffe verständlich erklärt, die sich mit diesem Thema befassen. Im weiteren Verlauf der Arbeit wird es auf verschiedene Arten der Führungsmodelle eingegangen, deren Inhalte und Gestaltung kurz beschrieben werden.

Im vierten Kapitel wird das Harzburger Modell und das St. Galler Management-Modell ausführlich beschrieben. Die Ziele und Merkmale sowie Stärken und Schwächen dieser Modelle werden aufgezeigt und miteinander verglichen. Daraufhin wird es einen Überblick geben, welche Bedeutung diese beiden Führungsmodelle für die praktische Arbeit von Führungskräften haben.

Den Abschluss dieser Arbeitet bildet ein kurzer Ausblick über die Führungsmodelle, in dem die wesentlichen Unterschiede und Gemeinsamkeiten zwischen ihnen aufgezeigt werden.

2. Grundlagen der Arbeit

2.1 Begriffserklärung des Führungsmodells

Aufgrund der großen Veränderungen in der Gesellschaft, Wirtschaft und Technik hat sich die Einstellung zur Arbeit auch verändert. Dadurch ist die Mitarbeiterführung in Betrieben immer schwieriger geworden, da die Mitarbeiter höhere Anforderungen an ihre Vorgesetzte stellen und eigene Entscheidungsspielräume beanspruchen. Um die Betriebsergebnisse gut zu halten und zu verbessern, werden heutzutage immer mehr geeignete Führungstechniken und Führungsmodelle eingesetzt.[1]

Das Wort Führungsmodell setzt sich aus zwei Begriffen der Führung und dem Modell zusammen. Unter der Führung versteht man: „Führung ist die gezielte Beeinflussung von Mitarbeitern bzw. einer Gruppe von Mitarbeitern unter Berücksichtigung der jeweiligen Situation auf ein bestimmtes Ziel hin.“[2] In den Führungsmodellen werden sämtliche Aspekte der Führung und ihre Auswirkungen auf ein Unternehmen und die Mitarbeiter in Form von Modellen erfasst.

2.2 Beschreibung und Ziele von Führungsmodellen

Die Führungsmodelle helfen dabei, die Mitarbeiter eines Unternehmens bestmöglich zu führen. Mit deren Hilfe wird ein ausführliches System von Handlungsempfehlungen oder Verhaltensanweisungen für Führungskräfte entworfen. Dabei geht es weniger darum, wie die einzelnen Handlungsanweisungen vermittelt werden, sondern vielmehr um die Frage, in welchem Umfang die Mitarbeiter in Entscheidungs- und Gestaltungsprozesse eingebunden werden.[3] Die Führungsmodelle nehmen die Erkenntnisse aus Führungs- und Motivationstheorien auf, die in der Praxis wie folgt angewendet werden:

---

[1] Vgl. Fein/Pini-Karadjuleski (o.J.), S.184.
[2] Fein/Pini-Karadjuleski (o.J.), S.184.
[3] Vgl. Schwabel/Billing (2014), S. 110.

- Mit geringstmöglichen Aufwand eine zielgerichtete und steigernde Steuerung von Mitarbeitern zu erreichen.
- Steigerung der Motivation der Mitarbeiter sowie Vermeidung von Frustration als Grundlage für die Leistung und das Engagement.
- Durch stärkere Einbindung der Mitarbeiter in Gestaltungsprozesse sollen die Freiräume für die Führungskräfte geschaffen werden.[1]

Somit dienen die Führungsmodelle der Verbesserung des Führungsgeschehens sowie der Steigerung der Effizienz eines Unternehmens. Im Vergleich zu Führungstechniken haben sie den Vorteil, dass sie über die Ganzheitlichkeit verfügen. Das bedeutet, dass die Zusammenhänge zwischen den Führungsstilen, den Führungsfunktionen und –aufgaben berücksichtigt werden, wie in der Abbildung 1 dargestellt ist.

Abbildung 1: Führungsmodell allgemein

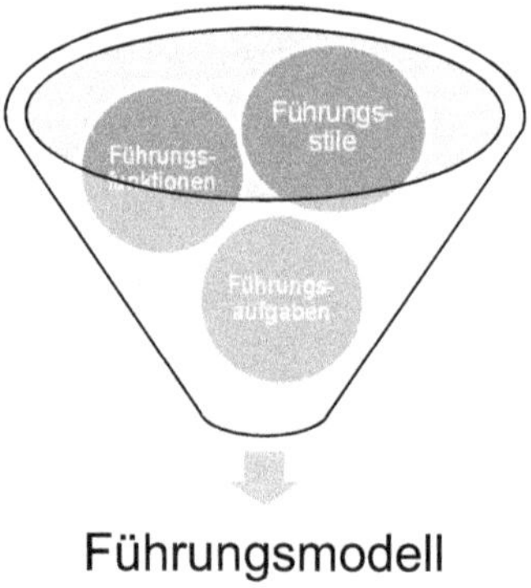

Quelle: eigene Darstellung

Unter einem Führungsstil versteht man „das personenbezogene Führungsverhalten von Vorgesetzten, d. h. die Form, die in der Personalführung von den Führungskräften im Unternehmen ausgeübt wird,

[1] Vgl. Schwabel/Billing (2014), S. 110.

um ein bestimmtes, zielorientiertes Arbeitsverhalten bei allen Mitarbeiter zu erreichen."[1]

Die Führungsfunktionen beschreiben, was die Führungskräfte tun, wenn sie führen. Diese Funktionen werden dynamisch als Phasen einer Abfolge von Aufgaben wie Planen, Entscheiden, Durchsetzen und Kontrollieren gesehen, die aufeinander in einem Prozess aufbauen.

Die Führungstechniken, die so genannten „Management-by-Konzeprtionen", sind konkrete Gestaltungsregeln für eine bestimmte Führungsaufgabe. Sie dienen der Erleichterung und der Verbesserung des Führungsprozesses.

Die Führungsmodelle lassen sich nach Edmund Heinen in Total- und Partialmodelle einteilen.[2] Diese Einteilung ist in der Abbildung 2 abgebildet.

Abbildung 2: Einteilung der Führungsmodelle

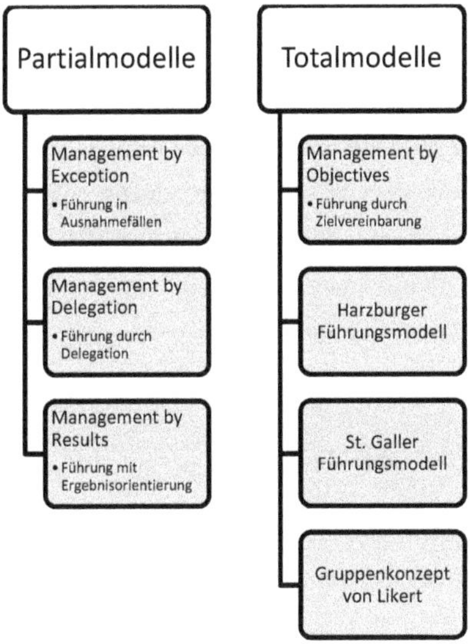

Quelle: eigene Darstellung in Anlehnung an Schneck (2015)

[1] Korndörfer (2013), S. 225.
[2] Vgl. Schneck (2015), S. 98.

In Totalmodellen wird das gesamte Führungsgeschehen erfasst, während in Partialmodellen nur ein oder mehrere Teilaspekte der Führung verdeutlicht werden.[1] Die bekanntesten Führungsmodelle sind das Harzburger Modell, das St. Galler Management-Modell, das 7-S-Modell und der Züricher Ansatz[2] sowie Gruppenkonzept von Likert, die im nachfolgenden Kapitel näher beschrieben werden.

3. Führungsmodelle

3.1 Das Gruppenkonzept von Likert

Dieses Führungsmodell basiert auf dem Prinzip, dass die Mitarbeiter, organisatorisch betrachtet, gleichzeitig Teilnehmer zweier sich überlappender Gruppen sind. Jeder Mitarbeiter, abgesehen von den obersten und den untersten Hierarchieebenen, soll geleichzeitig in beiden Gruppen an Entscheidungen beteiligt werden. Dabei ist er in einer Gruppe ein teilnehmendes und in anderer Gruppe ein führendes Mitglied.

Bei diesem Modell wirkt die Gruppenarbeit nicht immer auf die Motivation der Mitarbeiter. Die Gruppenentscheidungen benötigen in der Regel viel Zeit und der Erfolg hängt von dem Klima sowie von dem Willen der Gruppe ab. Durch dieses Netz sich überlappender Gruppen soll die Kommunikation und die Integration eines Unternehmens verbessert werden. Dieses Modell wird in der Praxis ganz selten angewandt.[3]

3.2 Das 7-S-Modell von McKinsey

Das 7-S-Modell wurde von Peters und Waterman im Jahr 1982 vorgestellt, um die Faktoren abzubilden, die bei einer Organisationsgestaltung zu berücksichtigen sind. Die sieben S stehen für Struktur, Strategie, Systeme, Selbstverständnis, Spezialkenntnisse, Stil und Stammpersonal, die

[1] Vgl. Jung (2017), S. 496.
[2] Vgl. Jung (2017), S. 504.
[3] Vgl. Schneck (2015), S. 106.

ursprünglich als Variablen bezeichnet wurden, um eine leistungsfähige Organisation zu gestalten.[1]

Das 7-S-Modell wird zu den Totalmodellen zugeordnet. Dabei werden sowohl führungstechnische Probleme als auch Fragen der Menschenführung und des Führungsinhaltes berücksichtigt. Die 7-S-Elemente dieses Modells erfassen in der ersten Linie nur das Geschehen des Unternehmens, deren gegenseitige Wechselbeziehungen in der Abbildung 3 dargestellt sind.[2]

Abbildung 3: Das 7-S-Modell von McKinsey

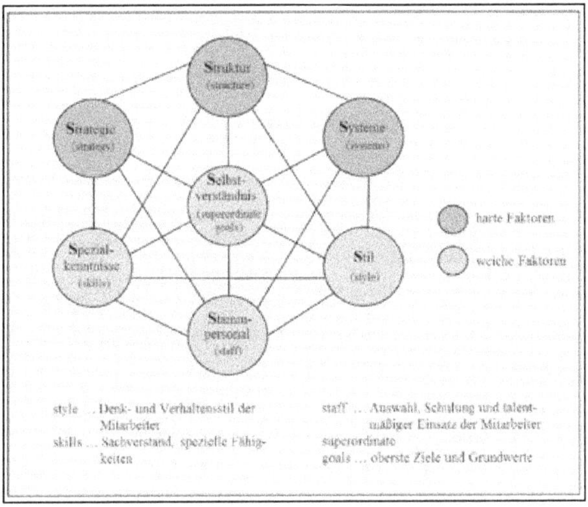

Quelle: Jung (2017), S. 510, Abb. 86.

Die wichtigsten Aussagen des 7-S-Modells lassen sich wie folgt zusammenfassen:

- Für eine erfolgreiche Führung ist die angemessene Berücksichtigung aller sieben Elemente mit ihren gegenseitigen Abhängigkeiten vorausgesetzt.

---

[1] Vgl. Marek (2010), S. 28.
[2] Vgl. Jung (2017), S. 510.

- Bei einer erfolgreichen Führung sollen die weichen Faktoren einen höheren Stellenwert einnehmen als die harten Faktoren.
- Der Unternehmenskultur wird eine zentrale Bedeutung zugewiesen, die als das tragende Element der Führung gesehen wird.[1]

3.3 Der Züricher Ansatz

Der Züricher Ansatz ist ein relativ neues Führungsmodell, das von E. Rühli im Jahre 1992 an der Universität in Zürich entwickelt wurde. Bei diesem Ansatz wird von der Annahme ausgegangen, dass die Führung überall dort nötig ist, wo Menschen gemeinsam Probleme zu lösen haben. Die Führung bei diesem Modell wird in zwei Dimensionen aufgeteilt, in eine formelle Seite und in eine inhaltliche Seite der Führung. Die formelle Seite beinhaltet wiederum zwei Dimensionen. Diese sind:

- Eine menschenbezogene Dimension, da jede Form der Führung immer einen Kontakt zu den Menschen benötigt und somit immer eine Menschenführung ist.
- Eine führungstechnische Dimension, weil die Führung immer einen zeitlichen Spielraum aufweist und mit entsprechenden Instrumenten unterstützt werden kann.

Die inhaltliche Seite dieser Führung beinhaltet die Gestaltung der Unternehmenspolitik als Hauptaufgabe. Dabei wird einerseits die Unternehmenspolitik nach Außen (Außenpolitik) vertreten und anderseits im Inneren (Innenpolitik) entwickelt und durchgesetzt.[2]

---

[1] Vgl. Jung (2017), S. 510.
[2] Vgl. Jung (2017), S. 511 f.

Abbildung 4: Der Züricher Ansatz

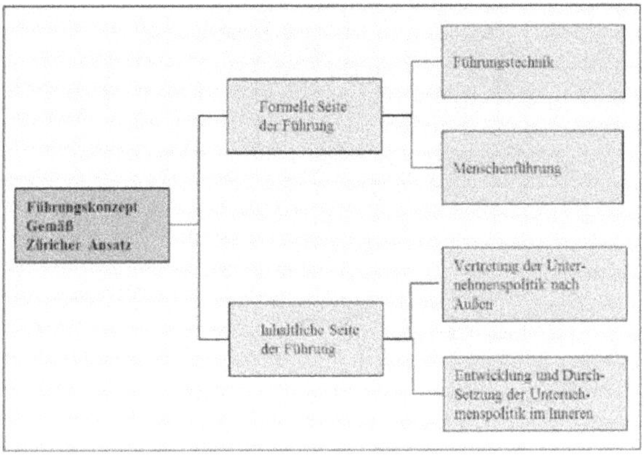

Quelle: Jung (2017), S. 512, Abb. 87

3.4 Das Harzburger Modell

Das Harzburger Modell ist eine Kurzbezeichnung für das System der Führung im Mitarbeiterverhältnis, das von Prof. Dr. Reinhard Höhn in 1966 entwickelt wurde. Das Modell wurde zum Kernstück für die Lehrgänge der Akademie für Führungskräfte der Wirtschaft in Bad Harzburg benannt. Das Harzburger Modell war das erste umfassende, in sich geschlossene Modell für die Führung von Unternehmen und Organisationen, das auf dem Grundprinzip der Führung durch Delegation von Verantwortung basiert. Dabei bleibt der hierarchische Aufbau eines Unternehmens jedoch erhalten.[1]

Das Modell beschäftigt sich in der ersten Linie mit der Gestaltung der Beziehung zwischen den Vorgesetzten und den Mitarbeitern. Der formale Ausdruck ist „Führung im Mitarbeiterverhältnis", der auf das oberste Führungsprinzip hindeutet. Das Harzburger Modell setzt sich aus den verschiedenen Elementen zusammen. Die wichtigsten von diesen Elementen sind in der Abbildung 5 dargestellt.

[1] Vgl. Siegert (2001), S. 73.

Abbildung 5: Die wichtigsten Elementen des Harzburger Modells

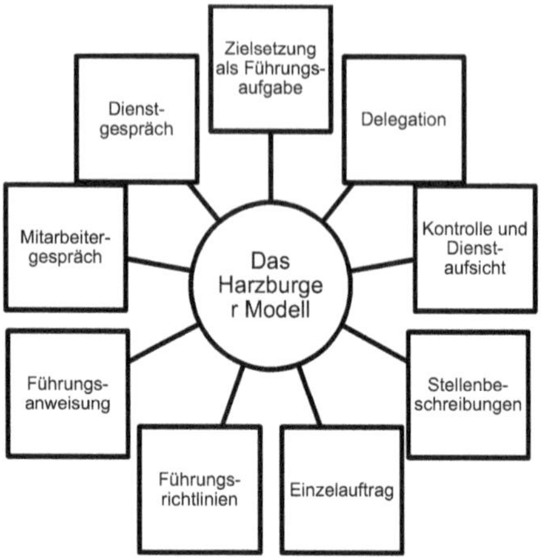

Quelle: eigene Darstellung in Anlehnung an Siegert (2001), S. 73.

Eine detaillierte Darstellung der Führungsprinzipien, das Ziel sowie die Bedeutung für die Unternehmen und die Anwendung des Harzburger Modells in der Praxis werden in dem nachfolgenden Kapitel 4 ausführlicher beschrieben und mit dem St. Galler Management-Modell verglichen.

3.5 Das St. Galler Management-Modell

Das St. Galler Management-Modell wurde an der Hochschule St. Galler in den Jahren 1964 bis 1972 von Hans Ulrich und Walter Krieg entwickelt. Das Modell wurde nach dem Systemansatz der Betriebswirtschaftslehre aufgebaut, um damit für die Lehre, die Forschung sowie die Dienstleistung eine ganzheitliche, integrierte Sicht der Führung darzustellen.[1] Inhaltlich besteht das St. Galler Management-Modell aus den konzeptionellen Bausteinen wie Umweltkonzept, Unternehmungskonzept und Führungskonzept.

[1] Vgl. Jung (2017), S. 507.

Abbildung 6: Die konzeptionellen Bausteine des St. Galler Management-Modells

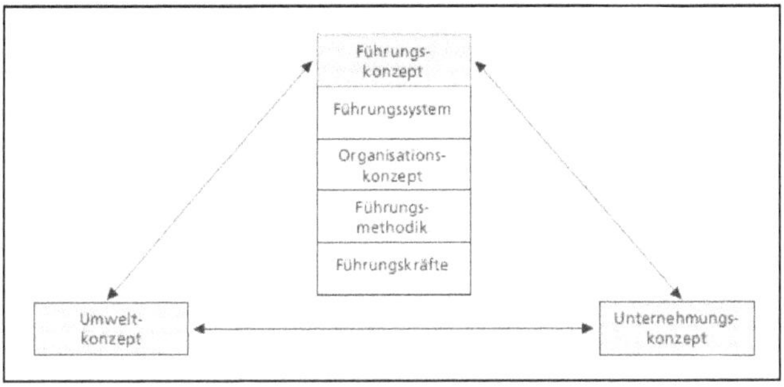

Quelle: Börkircher (o. J.), S. 79, Abb. 10

Dieses Modell wurde immer weiterentwickelt und durch zeitliche Veränderungen leicht modifiziert. Somit wurde es in den 90-ger Jahren von Knut Bleicher zur zweiten Generation des St. Galler Management-Modells weiterentwickelt. Bei diesem weiterentwickelten Modell wurden die Aufgaben der Unternehmensführung in drei Ebenen des normativen, des strategischen und des operativen Managements gegliedert, die im Kapitel 4 näher erläutert werden. Im Laufe der Zeit ist die gesellschaftliche und ökologische Exposition der Unternehmungen deutlich angestiegen und es wurde somit erforderlich, dass die ethisch-normative Dimensionen des Modells verstärkt werden. Ebenso war eine nähere Betrachtung der Unternehmenskultur und der Prozessorientierung notwendig, da das Management von den sozialen Prozessen an der Bedeutung zugenommen hat. Somit wurden diese Anforderungen von Professor Rüegg-Stürm an den Modellanpassungen aufgenommen und ein weiteres Modell entworfen, das im Jahr 2002 unter der Bezeichnung „Das neue St. Galler Management-Modell" bekannt wurde.[1]

[1] Vgl. Bracher (2009), S. 24.

4. Das Harzburger Modell und das St. Galler Management-Modell im Vergleich

In diesem Kapitel werden zwei ausgewählten Führungsmodelle das Harzburger Modell und das St. Galler Management-Modell miteinander verglichen, um zu zeigen, welchen Inhalt und welche Gestaltung in Bezug auf die Führung, sowie welche Bedeutung für die Praxis der Unternehmungen die beiden Modelle haben. Diese Modelle sind immer noch die bekanntesten Führungskonzeptionen im deutschen Sprachraum.

Im Harzburger Modell ist die Führung gleichbedeutend mit der Personalführung. Hier geht es erstmal um die Gestaltung der Beziehung zwischen den Vorgesetzten und den Mitarbeitern. Das Harzburger Modell besteht aus zwei Führungstechniken dem MbD (Management by Delegetion) und dem MbE (Management by Exception). Die Voraussetzung für die Kombination dieser beiden Techniken ist ein funktionierendes Informationssystem und eine Führungsstruktur, die hierarchisch klar gegliedert ist. Dieses Modell wird durch folgende Aspekte charakterisiert:

1) Alle Entscheidungen des Unternehmens werden auf der Mitarbeiterebene und nicht auf der Führungsebene getroffen.
2) Den Mitarbeitern werden keine Einzelaufträge mehr erteilt. Sie bekommen einen festen Aufgabenbereich, in dem sie selbstständig handeln und entscheiden können.
3) Die Gesamtverantwortung des Unternehmens wird auf die Mitarbeiterebene verteilt und auf diese übertragen. Die Entscheidungsstruktur erfolgt somit von unten nach oben. So fällt die Verantwortung von der Führungsspitze weg.
4) Im Harzburger Modell wird es zwischen Führungs- und Handlungsverantwortung unterschieden. Die Führungsverantwortung trägt der Vorgesetzte. Die Handlungsverantwortung einschließlich der Entscheidungsbefugnis wird auf die einzelnen Mitarbeiter übertragen. Sie sind für sachgerechte Aufgabenerfüllung verantwortlich, die in den Stellenbeschreibungen des Modells festgelegt werden.

5) Die Führungsgrundsätze des Unternehmens werden in der Führungsanweisung schriftlich festgelegt. Dabei werden die Führungspflichten aufgeführt und die Beziehungen zwischen den Vorgesetzten und den Mitarbeitern verbindlich geregelt, damit ein einheitlicher Führungsstil gewährleistet ist.[1]

Der Hauptkritikpunk für die Praxis ist eine sehr hohe Regelungsdichte des Modells, das mit einer Vielzahl von Organisationsregeln lediglich ein autoritär-bürokratisches Führungsprinzip verwirklicht und von einer „Führung im Mitarbeiterverhältnis" weit entfernt ist.[2] Dadurch ist das Modell für innovative Aufgaben und rasche Anpassung nicht geeignet. Dabei wird auch die Effizienz der Führungshandlungen durch den hohen administrativen Aufwand, die bürokratische Langsamkeit sowie die entstehenden hohen Kosten verringert. Dieses Führungsmodell hat sich vor allem dort integriert, wo die Aufgaben zu erledigen sind, die immer gleich bleiben und weitgehend strukturiert sind. Als ein universell einsetzbares Führungsmodell für alle Unternehmungen hat sich das Harzburger Modell nicht bewährt.

Im Gegensatz zum Harzburger Modell ist das St. Galler Management-Modell ein umfassendes und ganzheitliches Modell, das mit großer Flexibilität ausgestattet ist. Das Management bedeutet die Gestaltung, die Lenkung und die Entwicklung von Unternehmungen. Die Personalführung ist in das Gesamtkonzept miteingezogen. Es erfüllt somit die Anforderungen an ein integriertes Management-Modell. Dabei müssen sechs folgende Grundsätze erfüllt sein: *Grundsatz der Ganzheitlichkeit, Grundsatz der Vieldimensionalität, Grundsatz der Integration, Grundsatz der Modularität, Grundsatz der Verständlichkeit und Grundsatz der Stufengerechtigkeit.* Das Kernstück des St. Galler Management-Modells ist das Führungskonzept, das aus den Elementen Führungssystem, Organisationskonzept, Führungsmethodik und Führungskräfte besteht.[3]

---

[1] Vgl. Huber (2011), S. 143.
[2] Vgl. Brandes (1999), S. 82.
[3] Börkircher (o. J.), S. 78 ff.

Im zweiten St. Galler Management-Modell wird das Konzept in drei Dimensionen normatives, strategisches und operatives Management unterteilt. Das operative Management lenkt dabei die Unternehmungsentwicklung. Auf der normativen Managementebene werden die generellen Ziele der Unternehmung sowie die Unternehmungspolitik und die Leitlinien erfasst. Um diese Ziele zu erreichen, werden dafür die Vorgehensweisen auf der strategischen Ebene definiert und entwickelt. Die verschiedenen Managementebenen sind in der Abbildung 7 abgebildet.

Abbildung 7: Managementebenen des zweiten St. Galler Management-Modells

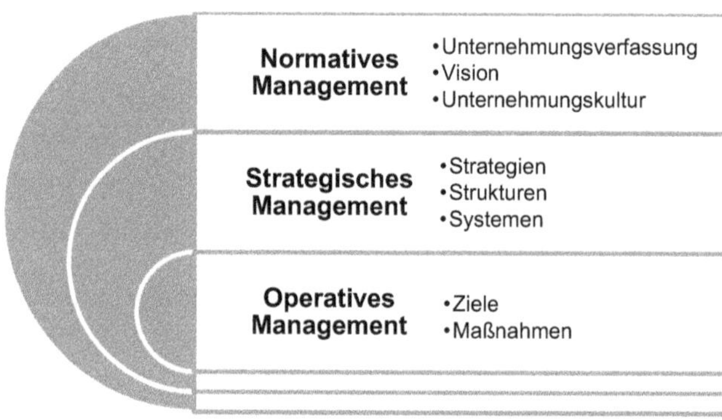

Quelle: Vgl. Bracher (2011), S. 28, Abb. 8

Das neue St. Galler Management-Modell unterscheidet zwischen den Management-, Geschäfts- und Unterstützungsprozessen. In diesem Modell werden sechs Grundsätze aufgeführt, die in der Abbildung 8 dargestellt sind.

Abbildung 8: Das neue St. Galler Management-Modell

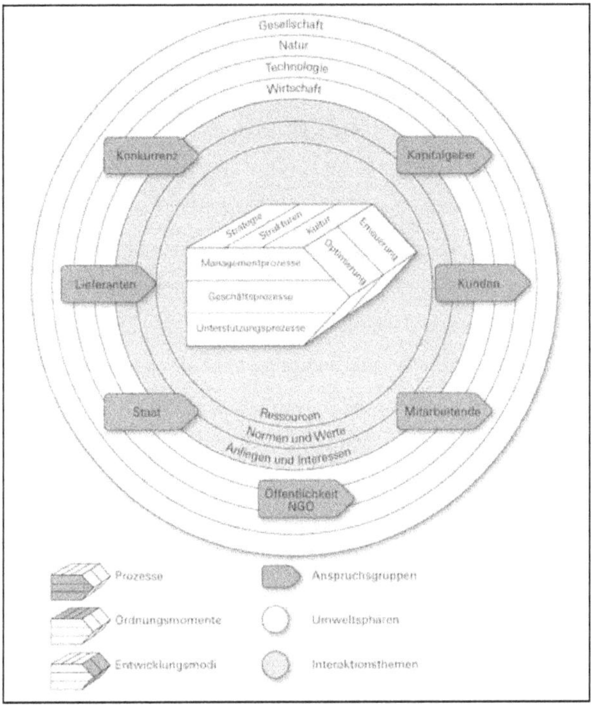

Quelle: Züger (2008), S. 36.

Dieses Modell wird in der Praxis an die einzelnen Unternehmungen angepasst, in denen die jeweiligen konkreten Umstände wie Firmengröße, Branche und Marktbedingungen berücksichtigt. Das St. Galler Management-Modell wird in der Praxis unmittelbar angewandt.

5. Schlusswort

Wie man feststellen kann, ist es gelungen, mit allen zur Verfügung gestellten Materialien z. B. der Fachliteratur, ein gutes Bild über die Führungsmodelle darzustellen. Bei der Darstellung der jeweiligen Modelle wurde der Versuch unternommen, die unterschiedlichen Grundideen und Vorgehensweisen zu charakterisieren, voneinander abzugrenzen und auf ihren Neuigkeitsgehalt gegenüber bestehenden Erkenntnissen in Theorie und Praxis zu beurteilen.

Am Anfang wurden dem Leser allgemeine Grundlagen dieser Arbeit aufgezeigt und die entsprechenden Begriffe verständlich erklärt. Man hat sich auch mit den Begriffen der Führungsmodelle und der Führung auseinandergesetzt und somit den ersten Überblick über die Führungsmodelle bekommen. Danach wurden die verschiedenen Modelle aufgezeigt, die sehr unterschiedlich im Einsatz bei der Unternehmensführung sind. Bei jedem Führungsmodell wurde es versucht, deren Entwicklung sowie deren Strukturen und Ziele darzustellen. Einige von den beschriebenen Modellen werden ganz selten in der Praxis eingesetzt wie z.B. das 7-S-Modell von McKinsey und einige wie z.B. das neue St. Galler Management-Modell sind auch heutzutage noch im deutschen Sprachraum bekannt. Dazu wurden zwei Führungsmodelle das Harzburger Modell und das St. Galler Management-Modell miteinander verglichen. Aus dem Vergleich kann man feststellen, dass die beiden sehr detailliert und systematisch sind, in denen die bestimmten Führungstechniken eingesetzt werden. Sie sind bei der Umsetzung recht aufwendig und stellen somit die hohen Anforderungen an die Führungskräfte und an die Mitarbeiter. Der wesentliche Unterschied bei diesen beiden Modellen ist, dass das St. Galler Management-Modell ein umfassendes und ganzheitliches Modell ist, das die Anforderungen an ein integriertes Management-Modell erfüllt. Im Gegensatz dazu beschäftigt sich das Harzburger Modell nur mit der Personalführung, also mit der Gestaltung der Beziehung zwischen den Vorgesetzten und den Mitarbeitern. Es kann davon ausgegangen werden, dass es kein optimales, für alle Betriebe stets anwendbares Führungsmodell gibt, sondern dieses vielmehr von dessen Situation, Größe und Alter abhängt.

Literaturverzeichnis

Börkircher, Helmut; u. a., aktualisiert von Brede, Gabi: AKAD-Lerneinheit: Führung von Mitarbeitern: Grundlagen der Personalführung: FGI101.

Bracher, Manfred: Das operative Management von Produktionsunternehmungen: Entwicklung eines Prozessmodells: 1. Auflage, Wiesbaden 2009.

Brandes, Annette: Telearbeit und Mitarbeiterführung: illustriert, Wiesbaden 1999.

Fein, Erhard; Pini-Karadjuleski, Marianne: Betriebliche Kommunikation: Fachschulen und Berufskollegs, 5. Auflage, Köln 2007.

Huber, Andreas: Personalmanagement: Vahlens Kurzlehrbücher, Vahlen, 2011.

Jung, Hans: Personalwirtschaft, 10. Auflage, München 2017.

Korndörfer, Wolfgang: Unternehmensführungslehre: Einführung-Entscheidungslogik-Soziale Komponenten, 7. illustrierte Auflage, Berlin 2013.

Marek, Daniel: Unternehmensentwicklung verstehen und gestalten: Eine Einführung, 1. Auflage, Wiesbaden 2010.

Schneck, Ottmar: Lexikon der Betriebswirtschaft: 3.000 grundlegende und aktuelle Begriffe für Studium und Beruf, 9 Auflage, München, 2015.

Schwabel, Christian; Billing, Fabian: Top 100 Management Tools, 5. Auflage, Wiesbaden 2014.

Siegert, Werner: Expert-Praxislexikon Management-Training: 111 Stichwörter für Management-Trainer, 1. Auflage, Renningen, 2001.

Züger, Rita-Maria: Betriebswirtschaft - Management-Basiskompetenz: theoretische Grundlagen und Methoden mit Beispielen, Repetitionsfragen und Antworten, 3. überarbeitete Auflage, Zürich, 2008.

Lightning Source UK Ltd.
Milton Keynes UK
UKHW011926230719
346708UK00001B/48/P

9 783668 410312